T0043828

LAS PROFESIONES

texto de
ÉMILIE GOROSTIS

ilustraciones de
PIERRE CAILLOU
HÉLÈNE CONVERT
CHRISTIAN GUIBBAUD
NESK

ideaka
EDELVIVES

ÍNDICE

LOS FINES DE SEMANA 26
TE ENCUENTRAS CON...

En la escuela de equitación	28
En el estadio	30
¿Quién fabrica tus juguetes?	32
En el escenario	34
La jornada del director de orquesta	36
En el museo	38
¡Ponte a prueba!	40

EN LA ESCUELA 6
TE ENCUENTRAS CON...

«Cuando sea mayor...»	8
En casa	10
De camino al colegio	12
¿Quién trabaja en tu escuela?	14
La jornada de la auxiliar	16
Un profesor para cada edad	18
¿Y si ayudamos a los demás?	20
¿Quién fabrica tus libros?	22
¡Ponte a prueba!	24

EN EL HOSPITAL 42
TE ENCUENTRAS CON...

El accidente	44
La jornada de la bombera	46
El hospital infantil	48
Operación exitosa	50
Curarlo todo y a todos	52
¡Ponte a prueba!	54

EN VACACIONES 72
TE ENCUENTRAS CON...

✈	En el avión	74
🚧	De camino a las vacaciones	76
🍲	En el restaurante	78
🏖	A la orilla del mar	80
	La jornada del cuidador del zoo	82
🚜	En el campo	84
🍦	¿Quién fabrica los helados?	86
⛰	En la montaña	88
?	¡Ponte a prueba!	90
A-Z	Índice alfabético	92

EN LAS TIENDAS 56
TE ENCUENTRAS CON...

	La calle comercial	58
	En Correos	60
	En el mercado	62
	La jornada del panadero	64
🛒	En el supermercado	66
💻	Comprar por Internet	68
?	¡Ponte a prueba!	70

escribir

Todos los nombres de este libro de imágenes van acompañados de su correspondiente artículo determinado. Los verbos y las acciones se destacan con un recuadro para que el niño mejore la comprensión de los diferentes tipos de palabras.

?

Al final de cada apartado general se incluye una doble página titulada «¡Ponte a prueba!», donde se plantean actividades destinadas a comprobar cuánto se ha aprendido.

A-Z

En el índice alfabético que hay al final del libro encontrarás enseguida la palabra que buscas.

En la parte inferior de cada doble página se remite a otras páginas que tratan un tema complementario. De este modo, se puede cambiar el orden de lectura y relacionar mejor los conocimientos.

EN LA ESCUELA

TE ENCUENTRAS CON...

«CUANDO SEA MAYOR...»

Seguro que alguna vez has pensado en lo que vas a ser de mayor. Pero ¿sabes qué es una profesión?

Tal vez desees ser esto, ¡aunque en realidad no son profesiones!

el caballero

luchar contra los dragones

la superheroína

salvar a las personas

Papá Noel

repartir regalos

O quizá desees ser esto, ¡que sí son profesiones de verdad!

el probador de toboganes

la niñera de osos panda

el constructor de Lego profesional

Tener una profesión significa realizar un trabajo en una materia en la que eres un especialista y recibir dinero a cambio.

ESCUELA

aprender

buscar trabajo

la ebanista

trabajar

recibir dinero o un salario

Los ciudadanos votan para escoger a un presidente del Gobierno. Son ellos quienes eligen a la persona que quieren que les represente.

Ser presidente es un cargo, no una profesión: es como una especie de tarea que los ciudadanos confían a la persona elegida.

Quizá tú también tengas una tarea en la escuela: repartir la merienda, ordenar los juguetes... ¡Alguna actividad importante para tu clase!

9

Un profesor para cada edad **18** A B

¿Quién fabrica tus juguetes? **32**

✂ EN CASA

Mientras tú desayunas, ¡los obreros trabajan para ampliar tu casa!

el techador

colocar las tejas

el carpintero

instalar las vigas

aislar las paredes

el electricista

pasar los cables eléctricos por los tubos

el escayolista

atornillar la placa de yeso

el diseñador gráfico autónomo

trabajar en casa

la alicatadora

pegar los azulejos

las rodilleras

el instalador de ventanas

instalar las ventanas

el pintor

pintar la pared

el fontanero técnico de calefacción

instalar las tuberías para el agua

el albañil

construir una pared con bloques de cemento

la paleta

Por la mañana seguro que sales de casa para ir a la escuela y que tus padres van a trabajar a la oficina o a otro sitio.

Pero algunas personas trabajan en casa. Las cuidadoras de niños atienden a los bebés en sus casas.

En muchas profesiones se puede trabajar desde casa algunos días a la semana. Así se evita que haya atascos de tráfico.

¿Quién fabrica tus libros? 22

🚸 DE CAMINO AL COLEGIO

Cada mañana te cruzas con muchos profesionales
por la calle. ¡Tu ciudad está llena de actividad!

el empleado de
mantenimiento
de zonas verdes

podar los
árboles

acondicionar
la ciudad

el jardín vertical

inventar
un jardín

el paisajista

PRÓXIMAMENTE
AQUÍ

la urbanista

llenar el volquete

el conductor

el basurero

los contenedores

conducir el camión
de la basura

el transportista

el barrendero

aspirar los residuos

cargar los muebles

la agente de tráfico

controlar el estacionamiento

conducir hasta el aeropuerto

TAXI

el taxista

el quiosquero

vender periódicos

la conductora de autobús

encargarse del transporte escolar

detectar una fuga de agua potable

el detector de fugas de agua

¿A DÓNDE VA EL CAMIÓN DE LA BASURA?

Los empleados municipales recogen los contenedores de basura, bien por la noche, bien por la mañana temprano.

Luego se dirigen al centro de tratamiento. Allí, los operarios clasifican los residuos reciclables y queman los que no se reciclan.

Los aparatos que no funcionan y la hierba segada se llevan al punto limpio. Los empleados nos ayudan a clasificar los residuos.

13

¿Quién trabaja en tu escuela? **14**

Un profesor para cada edad **18**

¿QUIÉN TRABAJA EN TU ESCUELA?

Seguro que conoces muy bien tu escuela.
Pero quizá no sabes cuál es la labor de algunos
adultos que trabajan en ella.

la pizarra digital interactiva

impartir una clase de matemáticas

la bibliotecaria

5 X 3 =

el maestro de educación primaria

dar a conocer libros nuevos

la sala de informática

reparar la avería

la secretaria

contestar al teléfono

dar la bienvenida a una nueva familia

la directora

la técnica en informática

escribir un correo

el profesor de música

la encargada del mantenimiento

la auxiliar

instalar percheros

cuidar a una niña enferma

dirigir el coro

el profesor
de plástica

preparar una
actividad de bricolaje

la cocinera

preparar
la comida

el comedor

el asistente
pedagógico

vigilar
el patio

la agente
de seguridad v al

ayudar
a cruzar
la calle

Antes de empezar el curso, tus padres preparan lo que necesitas para la vuelta al colegio. ¡Lo mismo sucede con tu maestro!

Unos días previos al comienzo del curso, el director reúne a los maestros para organizarlo todo.

Luego, tu maestro tiene que acondicionar la clase y preparar el material. ¡Todo listo! ¡Solo faltáis tú y tus compañeros!

La jornada de la auxiliar 16
Un profesor para cada edad 18

LA JORNADA DE LA AUXILIAR

En el aula, en el comedor o en el patio, la auxiliar te ayuda
y te acompaña. Estas son las labores que realiza en su jornada.

por la mañana

colocar
los juegos

tratar asuntos
con la
maestra

recibir a los niños

realizar una
actividad

sonarle
la nariz
a un niño

al mediodía

acompañar al cuarto de baño

enseñar
a lavarse
las manos

servir agua

por la tarde

ayudar a desvestirse

vigilar la siesta

atar los cordones

vigilar el patio

al final de la tarde

ordenar el aula

limpiar el material

ayudar a hacer los deberes

La persona encargada de la cocina del comedor es la que se ocupa de que la comida te llegue a la mesa. ¡Que aproveche!

Si vives en una ciudad pequeña, seguro que tu escuela tiene una cocinera o un cocinero encargados de preparar la comida.

En algunos colegios de las grandes ciudades se cocinan en las mismas instalaciones los menús de varios colegios y después se reparten.

17

¿Quién trabaja en tu escuela? **14**

En el restaurante **78**

AB UN PROFESOR PARA CADA EDAD

¿Te gusta jugar con tus maestros? ¡Enseñar
a los demás es una profesión apasionante!

la escuela infantil

el colegio

la geografía

la lectura

las matemáticas

la técnica de
educación
infantil

el maestro de
educación primaria

enseñar a
comer solo

la música

enseñar de 5 a 9
asignaturas

enseñar una
sola asignatura

el instituto

el profesor de secundaria

la formación profesional

aprender una profesión

el técnico de formación profesional

el aprendiz

practicar

la universidad

el catedrático

ser también un investigador

los estudiantes

el aula magna

Tú vas al colegio, y a lo mejor resulta que tus padres te dicen un día que «van a volver a la escuela». ¿Qué crees que significa eso?

Cuando se es adulto, es posible matricularse en cursos de formación en los que se aprenden cosas nuevas para mejorar en una profesión.

También se puede aprender un nuevo oficio. ¡Hay muchas personas que cambian varias veces de trabajo a lo largo de su vida!

19

¿Quién trabaja en tu escuela? **14**
La jornada de la auxiliar **16**

¿Y SI AYUDAMOS A LOS DEMÁS?

¿Has necesitado alguna vez una pequeña ayuda? Si es así, tal vez hayas conocido a alguno de estos profesionales.

practicar la pronunciación

la logopeda

expresar las emociones con palabras

escuchar

el psicólogo

reforzar la confianza en uno mismo

concentrarse

el especialista en psicomotricidad

dar clase a un pequeño grupo

la maestra de educación especial

acompañar a un niño
con discapacidad
en el recreo

el personal auxiliar

motivar a los niños
con dificultades

el educador

Algunos padres deciden separarse. Los mediadores familiares ayudan, por ejemplo, a establecer en casa de cuál de ellos vivirán sus hijos.

Los abogados explican a los padres las etapas del divorcio, los representan ante el juez y redactan los papeles.

Si los padres no se ponen de acuerdo, los jueces de familia deciden lo que es mejor para los hijos.

El hospital infantil 48
Curarlo todo y a todos 52

¿QUIÉN FABRICA TUS LIBROS?

Son muchas las personas que trabajan en la creación de tu libro favorito. ¡Feliz lectura!

escribir un texto

colorear en el ordenador

el boceto a lápiz

inventar una historia

la autora

la tableta gráfica

la ilustradora

la editorial

corregir el texto con el autor

escoger al ilustrador

decidir el formato del libro

el editor

componer el texto y las ilustraciones

EDELVIVES   EDELVIVES

corregir las erratas

la diseñadora gráfica

el corrector

IMPRENTA

calibrar las máquinas — el impresor

publicitar el libro

presentar el libro en las librerías

el responsable de prensa

el distribuidor

entregar

LIBRERÍA

FIRMAS

la librera

destacar libros

vender libros

organizar una sesión de firmas

¿CÓMO CONVERTIRSE EN ESCRITOR?

¿Eres de los que tienen mucha imaginación? ¡Se puede empezar a inventar personajes e historias desde muy pequeño!

Para ser un buen profesional en este oficio, es preciso trabajar duro y escribir muchas páginas al día.

Luego hay que enviar la historia a diferentes editoriales y cruzar los dedos para que alguna de ellas te publique el libro.

En casa **10**

23

¡PONTE A PRUEBA!

¿Qué hacen estas personas? Relaciona cada una de ellas
con el nombre de su profesión.

el taxista   la agente de tráfico   el empleado de mantenimiento de zonas verdes   el barrendero   la urbanista

acondicionar
la ciudad

podar
los árboles

controlar el
estacionamiento

conducir hasta
el aeropuerto

aspirar
los residuos

En el aula, la auxiliar ayuda a los niños. Pero ¿qué hace exactamente?
Une con el dedo cada acción con su correspondiente imagen.

colocar
los juegos

recibir
a los niños

ayudar
a desvestirse

atar
los cordones

ayudar a hacer
los deberes

24

Observa con atención a esta ilustradora mientras trabaja.
Se han colado siete errores en la imagen de la derecha. ¿Cuáles son?

el caballero

De estas personas, ¿cuáles desempeñan profesiones de verdad? ¿Qué te imaginas que serás de mayor? ¿Por qué?

Papá Noel

la niñera de osos panda

el constructor de Lego profesional

la superheroína

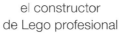

el presidente del Gobierno

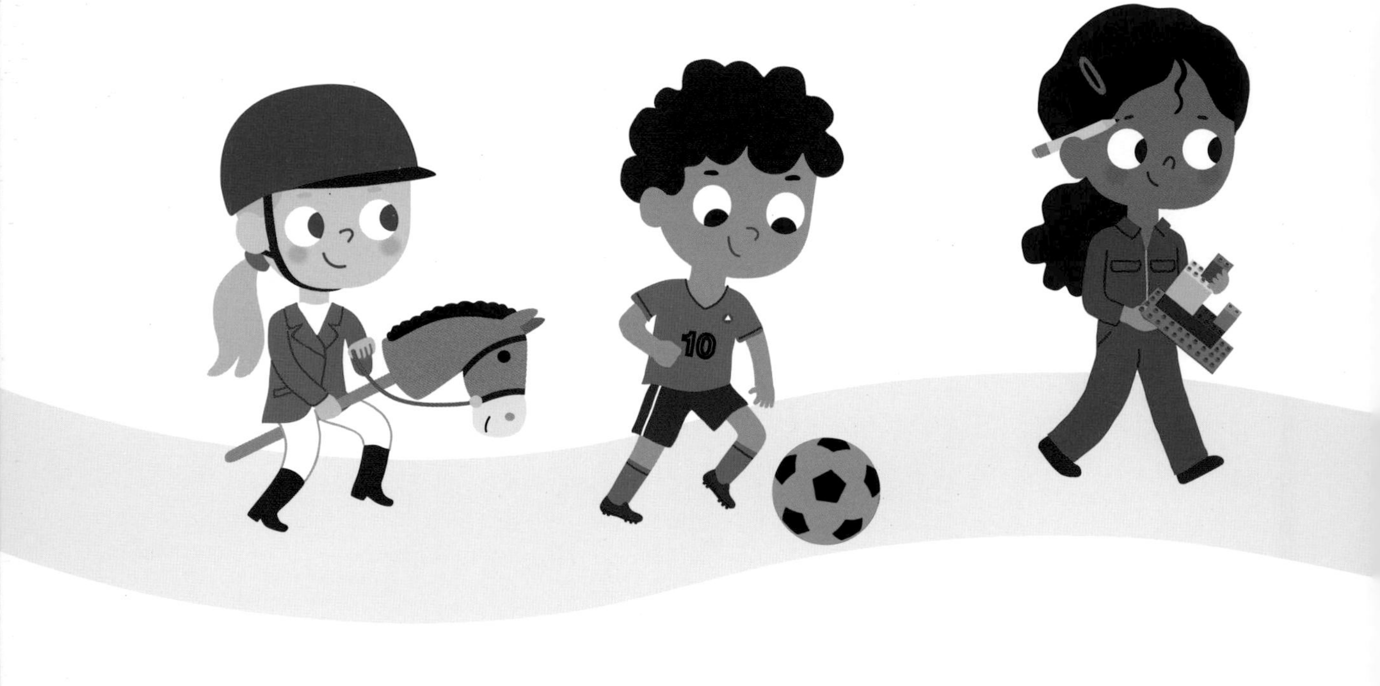
10

LOS FINES DE SEMANA

TE ENCUENTRAS CON...

EN LA ESCUELA DE EQUITACIÓN

Una tarde entre ponis, ¡genial!
Los profesionales de los caballos te enseñan
a ocuparte de ellos y a montar.

el remolque

la directora
de la escuela
de equitación

encargar
la comida

el mozo
de cuadra

trenzar
las crines

el monitor
de ponis

limpiar el
estiércol

el criador

el pienso
en grano

ayudar a nacer
a un potro

la palafrenera

enseñar a
almohazar

la instructora

dar una
clase

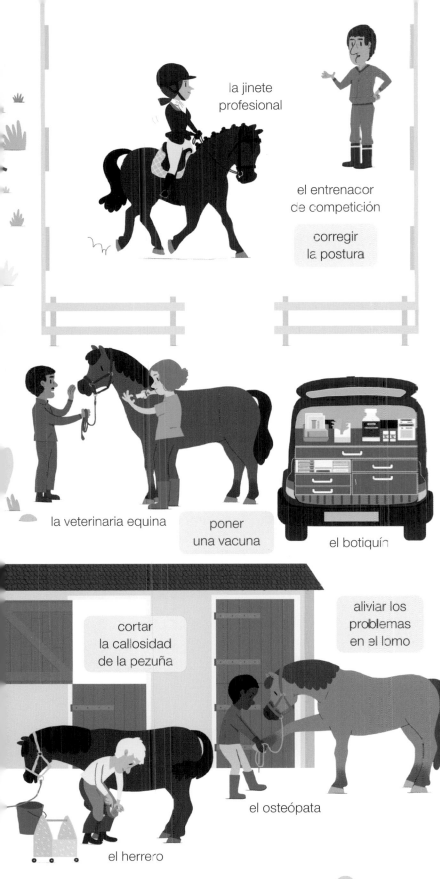

la jinete
profesional

el entrenador
de competición

corregir
la postura

la veterinaria equina

poner
una vacuna

el botiquín

cortar
la callosidad
de la pezuña

aliviar los
problemas
en el lomo

el osteópata

el herrero

¿Has tenido alguna caries? A los caballos también les duelen las muelas. El bocado que llevan dentro de la boca puede lastimarlos.

¡También existen los dentistas para caballos! Son veterinarios o herreros especializados en cuidados dentales.

Doctor Mosteiro

Los dentistas abren la boca del caballo con un instrumento y luego le liman los dientes estropeados. ¡No le duele en absoluto!

Curarlo todo y a todos **52**

La jornada del cuidador del zoo **82**

EN EL ESTADIO

¿Te fascinan las estrellas de fútbol? ¡Hay muchas otras profesiones relacionadas con el balón!

levantar pesas

la futbolista profesional

dirigir el calentamiento

el preparador físico

explicar la táctica

el entrenador

el auricular

la camiseta amarilla

el cronómetro

el pantalón corto negro

el árbitro

comunicarse con el asistente de videoarbitraje

pitar una falta

sacar una tarjeta amarilla o roja

el banderín

el árbitro asistente

negociar los contratos
de los jugadores

fichar a un
nuevo jugador

hacer una
entrevista

el representante
de jugadores

el seleccionador

la periodista deportiva

¿Eres fan de Leo Messi? Es el jugador mejor pagado del mundo. ¡Si quisiera, podría comprarse 400 coches al año!

entrenar a un
equipo infantil

la entrenadora

Los clubs se disputan a los mejores futbolistas, que aceptan jugar allí donde les ofrecen más dinero.

aliviar
un golpe

evacuar
en camilla

el espray
frío

el fisioterapeuta

los sanitarios deportivos

Las estrellas como Messi también cobran por hacer publicidad. Esto les reporta mucho dinero...

En la escuela de equitación 28

¿QUIÉN FABRICA TUS JUGUETES?

Para idear y después fabricar tus juguetes favoritos, es necesario el trabajo de mucha gente. ¡Démosles las gracias a todos ellos!

el programa informático

crear un objeto con volumen

el departamento de diseño

los diseñadores

la impresora 3D

dibujar un boceto

realizar un prototipo, una primera versión

elegir los materiales y colores

el taller

los artesanos

el destornillador

la sierra de marquetería

el torno de madera

pintar a mano

barnizar

32

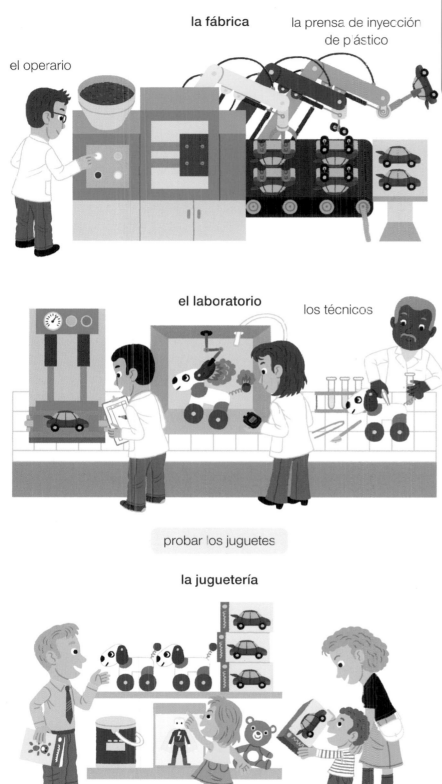

la fábrica

la prensa de inyección de plástico

el operario

el laboratorio

los técnicos

probar los juguetes

la juguetería

el vendedor

¿Te gusta este juego de piezas de construcción? Tus padres ya jugaban con los Lego cuando eran pequeños...

El carpintero danés Ole Kirk Christiansen empezó fabricando juguetes de madera. Luego, en 1958, creó estos bloques de plástico.

El nombre *Lego* procede de las palabras danesas *Leg godt*, que significan 'jugar bien'. Es uno de los juguetes más vendidos del mundo.

«Cuando sea mayor...» 8
¿Quién fabrica tus libros? 22

Artistas, técnicos, maquilladores..., todas estas profesiones tienen la finalidad de ¡entretenerte! ¡Que empiece el espectáculo!

las bambalinas

el decorador

crear el decorado de un bosque

el tramoyista

cambiar el decorado

la diseñadora de vestuario

el trapecio

la acróbata

confeccionar un vestido

el foso

regular el volumen de los instrumentos

el técnico de sonido

34

el maquillador

iluminar a los artistas

la iluminadora

dibujar un pico falso

los camerinos

el regidor, el jefe de los técnicos

los músicos

A volar subido a un trapecio puede aprenderse. Los artistas de circo deben ensayar su número durante mucho tiempo.

En el circo tradicional, los hijos aprendían el oficio de sus padres. Eran empresas familiares.

En el caso del circo actual, sin embargo, existen escuelas para convertirse en un artista profesional.

35

LA JORNADA DEL DIRECTOR DE ORQUESTA

El director de orquesta se prepara antes de subir al escenario. ¡Acompáñalo durante una jornada de trabajo!

por la mañana

por la tarde

revisar una pieza musical

anotar la partitura

el ensayo general

cantar y tocar música

la batuta

escuchar grabaciones

dirigir la orquesta

escuchar todos los instrumentos

estar nervioso

vestirse para actuar

practicar yoga y hacer ejercicios de respiración

CLARINETE
OBOES
CUERNO
TROMPETAS
VIOLINES
CONTRABAJOS

MADERA / METAL / CUERDA

FORTE

al final de la tarde
el concierto

marcar
el compás

música
lenta

música rítmica

música
evocadora

música
que evoca ira

cerrar
los ojos

fruncir
el ceño

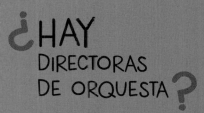 **por la noche**

reunirse con
el público

cenar con los músicos

tomar el avión para
acudir a otro concierto

Durante mucho tiempo eran sobre todo los hombres quienes ejercían de directores de orquesta, bomberos, escritores...

En la actualidad, las mujeres han accedido a todas las profesiones. Ahora hay muchas directoras de orquesta, bomberas, escritoras...

Aunque todavía existen profesiones ejercidas mayoritariamente por mujeres, y al revés. ¿Y si tú contribuyes a que esto cambie?

EN EL MUSEO

¡Bienvenido al museo de historia natural!
Aquí todo está preparado para despertar
tu pasión por las ciencias...

la museóloga

la recepcionista

informar a
los visitantes

diseñar una
exposición

la guía

hacer una
visita guiada

el mediador
cultural

realizar
actividades
con los
niños

la vigilante
de museo

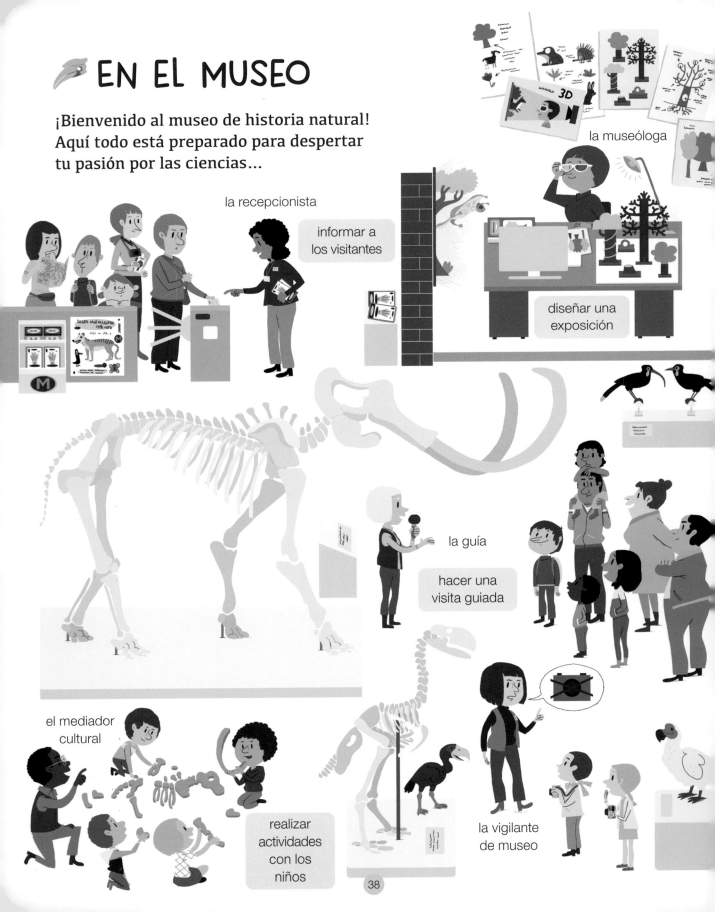

38

el registrador

almacenar en las reservas

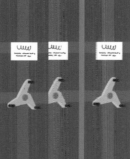

¿Sabes todo sobre los tiranosaurios, los diplodocus y otros animales extintos? Entonces, la profesión de paleontólogo es perfecta para ti.

cuidar de las colecciones

disecar un animal muerto

la taxidermista

la conservadora del museo

Con su instrumental, desde el martillo neumático al pincel, estos científicos desentierran los esqueletos de los dinosaurios.

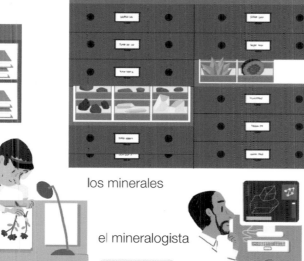

los minerales

el mineralogista

el restaurador

A continuación, regresan a sus laboratorios para estudiar los huesos y aprender más sobre los dinosaurios.

estudiar las rocas

desempolvar el herbario

La jornada del cuidador del zoo 82
En la montaña 88

Di cuál es el trabajo de estos profesionales que te puedes encontrar en la escuela de equitación. ¿Quién es el intruso? Describe lo que hace cada uno de ellos.

el mozo de cuadra

la palafrenera

la taxidermista

el herrero

la veterinaria

la instructora

el osteópata

Te encuentras en el taller de fabricación de juguetes.

Señala con el dedo la sierra de marquetería, el barniz, el destornillador y el torno de madera.

¿Cuántos pinceles ves?

¿Cuántas personas trabajan en este taller?

En el museo, puedes ver esqueletos reconstruidos de animales. Este esqueleto de mamut está incompleto. Coloca en su lugar cada hueso que le falta.

Y ahora, observa...
¿Cuántos colmillos tiene?
¿Cuántas patas tiene?
Señala el cráneo y los huesos de la cola.
¿Sabes dónde están sus costillas y sus vértebras?
¿Y las tuyas?

Antes de tocar en directo,
la orquesta realiza un ensayo general.
¿Conoces el nombre de los instrumentos?
¿Qué sostiene el director de orquesta
para dirigir a los músicos?
Y tú, ¿tocas algún instrumento?

EN EL HOSPITAL

TE ENCUENTRAS CON...

EL ACCIDENTE

¡Emergencia! Te has hecho daño montando en trineo. Los socorristas llegan enseguida para ayudarte.

el pistero socorrista

señalar el peligro

el hospital

el trineo

evacuar al herido

el pistero socorrista

el servicio de urgencias

conducir rápido y bien

el conductor de la ambulancia

el piloto
de helicóptero

el alud

la médica
de urgencias

practicar los
primeros
auxilios

el adiestrador
canino

el policía de
alta montaña

localizar a los
esquiadores

¿A QUIÉN LLAMAR SI OCURRE UN ACCIDENTE?

Has tenido un accidente esquiando. Tus padres llaman inmediatamente al servicio de urgencias.

El teleoperador de guardia les hace unas preguntas a tus padres: ¿dónde te has hecho daño?, ¿en qué lugar ha ocurrido?

Gracias a esta información, la ambulancia llega enseguida al lugar: en un momento te estarán atendiendo.

La jornada de la bombera **46**
Operación exitosa **50**

LA JORNADA DE LA BOMBERA

El parque de bomberos es la casa de los bomberos las 24 horas del día. Acompaña a una bombera durante su guardia.

por la mañana

hacer deporte

el maniquí

entrenar en pareja

comer juntos

por la tarde

el calibrador

reparar el vehículo de emergencias

el vehículo de emergencias

acudir a un servicio

la camilla

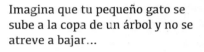

por la noche

jugar a las cartas mientras
se espera un servicio

la sala de descanso

despertarse

el camión de bomberos

apagar el fuego de una papelera

por la mañana

volver
a casa

descansar antes de
la próxima guardia

Imagina que tu pequeño gato se sube a la copa de un árbol y no se atreve a bajar...

Los bomberos ayudan a los animales en peligro: un perro que se ha caído dentro de un pozo, un caballo atrapado en un barrizal, etc.

Y si hay un nido de avispas en el patio de tu escuela, los bomberos acuden a destruirlo, porque es peligroso.

El accidente 44
El hospital infantil 48

+ EL HOSPITAL INFANTIL

¡El hospital está muy animado!
En todas las plantas hay profesionales
cuidando a los pequeños enfermos...

dar los
medicamentos

la enfermera

el recepcionista

la secretaria
sanitaria

informar a
los visitantes

preparar el
expediente

analizar la muestra de sangre

la bióloga sanitaria

hacer un
escáner

la radióloga

el farmacéutico

preparar los
medicamentos

el empleado
de limpieza

asear

tomar la
temperatura

el auxiliar
de enfermería

la
comadrona

preparar
para el parto

lavar y planchar la colada

el técnico de lavandería

preparar las comidas

la cocinera

solicitar una comida sin sal

el nutricionista

hacer reír

la maestra de educación especial

el payaso del hospital

administrar los primeros cuidados al bebé

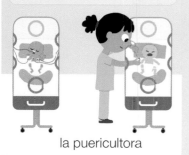

la puericultora

rehabilitar después de un accidente

la fisioterapeuta

¿CÓMO SE LLEGA A SER MÉDICO?

¿Tienes un maletín de médico y juegas a ponerle una tirita a tu osito de peluche? ¿Te gustaría curar a los demás?

Para llegar a ser médico, es preciso pasar unos exámenes muy difíciles. Hay que estudiar mucho para aprobar.

Además, se necesitan de nueve a once años de estudio, entre las clases en la universidad y las prácticas en un hospital.

Operación exitosa **50**

Curarlo todo y a todos **52**

✂ OPERACIÓN EXITOSA

El equipo quirúrgico se encarga
de arreglar todo lo que no funciona
en el cuerpo. ¡Es fantástico!

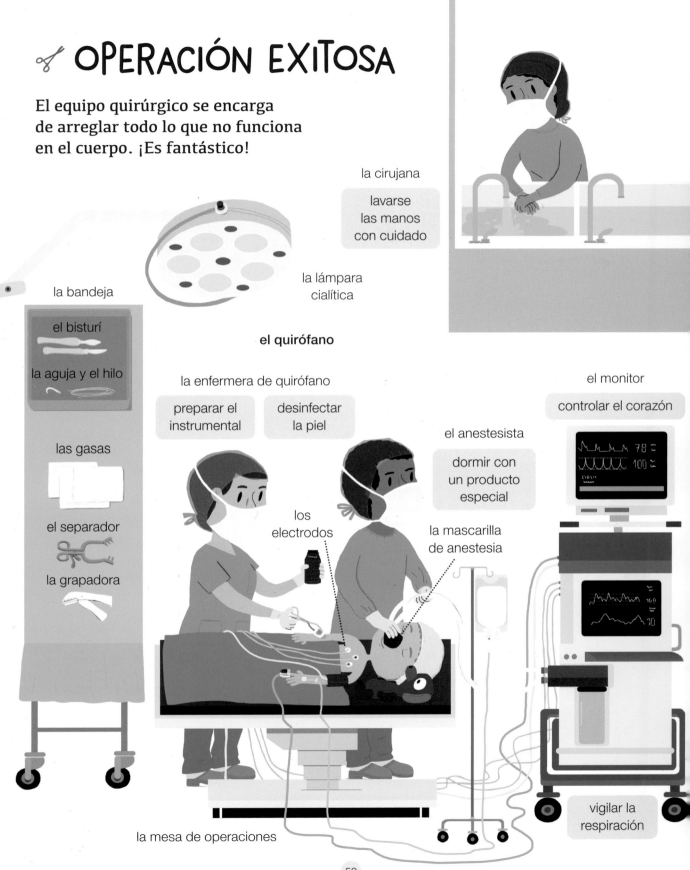

la cirujana

lavarse
las manos
con cuidado

la bandeja

la lámpara
cialítica

el bisturí

la aguja y el hilo

el quirófano

las gasas

la enfermera de quirófano

el monitor

controlar el corazón

preparar el
instrumental

desinfectar
la piel

el anestesista

el separador

los
electrodos

dormir con
un producto
especial

la grapadora

la mascarilla
de anestesia

vigilar la
respiración

la mesa de operaciones

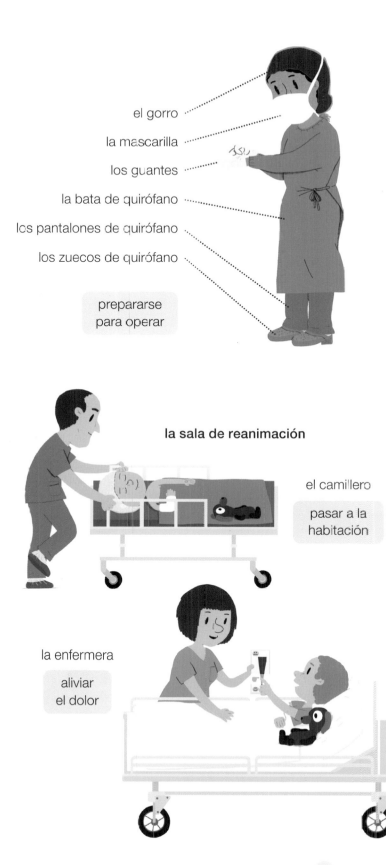

el gorro

la mascarilla

los guantes

la bata de quirófano

los pantalones de quirófano

los zuecos de quirófano

prepararse
para operar

la sala de reanimación

el camillero

pasar a la
habitación

la enfermera

aliviar
el dolor

Cuando pintamos, por ejemplo, nos ponemos una bata para no ensuciarnos. ¡La bata médica sirve para proteger a los pacientes!

Cuando operan, los cirujanos abren el cuerpo y no deben introducir microbios en su interior.

Se visten de la cabeza a los pies con tejidos esterilizados; ¡eso garantiza que no tienen microbios!

El hospital infantil 48
Curarlo todo y a todos 52

♀ CURARLO TODO Y A TODOS

Cuando estamos enfermos, pedimos cita con
la doctora de cabecera. En ocasiones hay que
visitar después a un especialista.

la doctora de cabecera

hacer preguntas

la sala de espera

la consulta médica

tomar la tensión

el tensiómetro

el estetoscopio

la lámpara frontal

el depresor lingual

escuchar el corazón y los pulmones

comprobar si la garganta está roja

la receta

recetar medicamentos

guardar el secreto

| revisar la vista | prescribir unas gafas | tratar una otitis | revisar la audición |

el biomicroscopio

el oftalmólogo

el otoscopio

la otorrinolaringóloga

los ojos

la nariz

las orejas

los dientes

la piel

la garganta

el dentista

la dermatóloga

la turbina

el nitrógeno líquido

el espejo

el dermatoscopio

tratar una caries

quemar una verruga

Al crecer, tu cuerpo va cambiando. Para comprobar que todo va bien, acudes a la consulta del médico con frecuencia.

El médico que te atiende es un pediatra, el especialista en salud infantil. Él sabe también cómo aconsejar a tus padres.

Los geriatras, por el contrario, son los médicos especializados en personas mayores. ¡Un médico para cada edad!

El hospital infantil **48** ✚
Operación exitosa **50**

¡PONTE A PRUEBA!

En las pistas de esquí, puedes cruzarte con el pistero socorrista, el adiestrador canino, el conductor de la ambulancia o el médico de urgencias. Cada uno desempeña un papel: unos atienden a los heridos en caso de accidente, mientras que otros procuran evitar que se produzcan. Identifícalos y localiza lo que hacen siguiendo los caminos con el dedo.

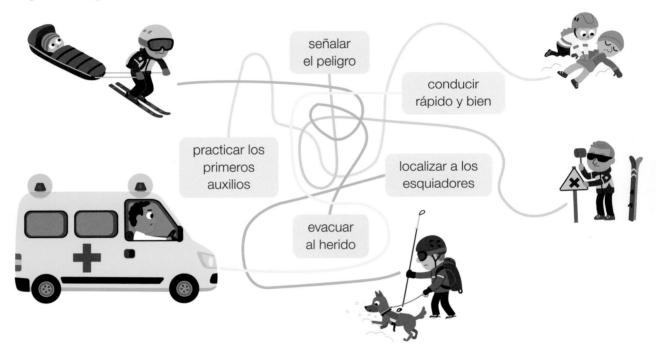

señalar el peligro

conducir rápido y bien

practicar los primeros auxilios

localizar a los esquiadores

evacuar al herido

Señala con el dedo a quienes trabajan en el hospital. ¿Sabes cómo se llaman sus profesiones? ¿Qué tareas realizan las demás personas?

La cirujana se está preparando para operar a un paciente. Debe tener a su alcance todos los instrumentos que necesita. Ayúdala colocándolos en el carrito.

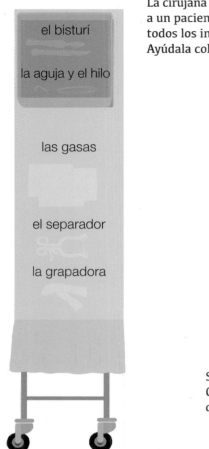

el bisturí

la aguja y el hilo

las gasas

el separador

la grapadora

Se viste con ropa esterilizada. Cita el nombre de las prendas que conozcas.

Algunos médicos especialistas solo curan ciertas partes del cuerpo.

Indica qué tratan el oftalmólogo, el dermatólogo, el dentista y el otorrinolaringólogo.

¿Has ido ya a la consulta de alguno de estos especialistas?

la piel

los ojos

las orejas

la nariz

los dientes

la garganta

EN LAS
TIENDAS
TE ENCUENTRAS CON...

🏪 LA CALLE COMERCIAL

En las tiendas del centro de la ciudad te ayudan a encontrar todo lo que necesitas. ¡Felices compras!

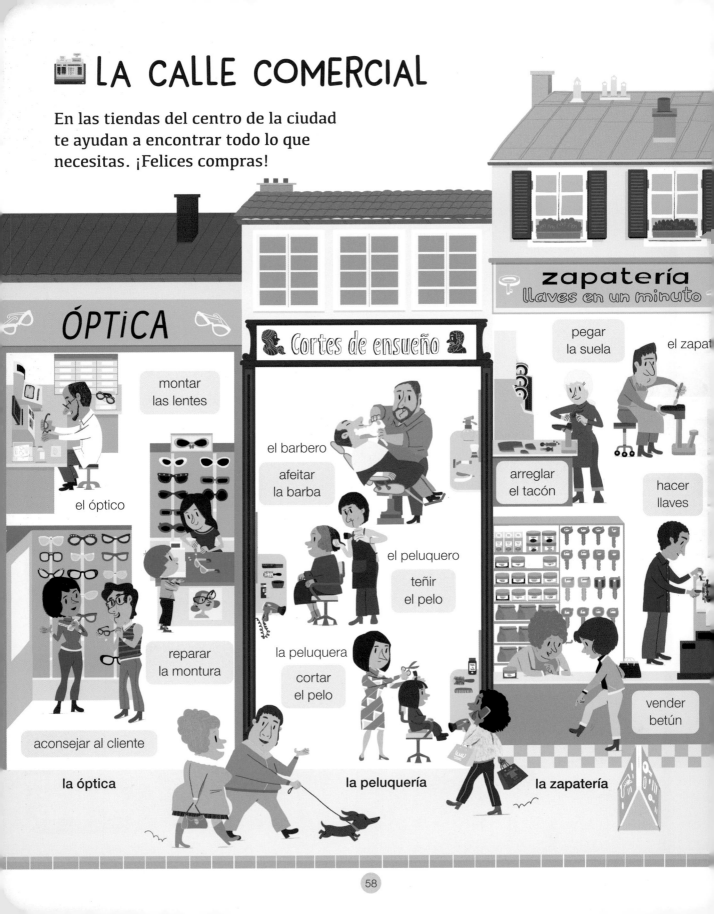

ÓPTICA

montar las lentes

el óptico

reparar la montura

aconsejar al cliente

la óptica

Cortes de ensueño

el barbero

afeitar la barba

el peluquero

teñir el pelo

la peluquera

cortar el pelo

la peluquería

zapatería
llaves en un minuto

pegar la suela

el zapat

arreglar el tacón

hacer llaves

vender betún

la zapatería

la tienda de ropa

la dependienta

la caja registradora

ordenar por tallas

clase

decorar el escaparate

abrir la verja metálica

la cámara frigorífica

retirar las hojas secas

hacer un ramo

En mi jardín
floristería

anotar los pedidos

regar las plantas

la floristería

Quizá hayas regalado un ramo de flores el Día de la Madre. ¡Qué difícil es elegir entre tanta variedad!

floristería

Los floristas venden las flores que cultivan los horticultores. En los Países Bajos existen campos y campos enteros de tulipanes.

Los floristas compran las flores en un mercado especial o las encargan por Internet y las distribuyen cada día.

Mercado de flores

En el mercado **62**

La jornada del panadero **64**

EN CORREOS

¿A quién te encuentras cuando acompañas a tus padres a la oficina de Correos?

atender a los clientes

el cajero

vender sellos

el responsable de atención al cliente

enseñar cómo funciona la máquina

organizar para evitar las colas

el director del establecimiento

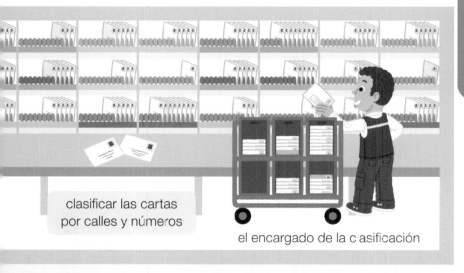

clasificar las cartas
por calles y números

el encargado de la clasificación

hacer
el reparto
en bicicleta
eléctrica

la cartera

vaciar
el buzón
de correos

la PDA

el cartero

Tus padres sacan billetes del cajero automático. ¡Seguro que te parece que hay algo mágico en ello!

Los billetes se colocan en pequeñas cantidades en el interior de los cajeros automáticos de los bancos.

En los bancos no hay cajas fuertes llenas de dinero. ¡Así se evita que a los ladrones se les ocurra la idea de entrar a robar!

La calle comercial **58**

EN EL MERCADO

Estos comerciantes se desplazan de un mercado a otro con sus camiones para vender productos frescos y ¡sorprenderte!

la sombrilla

la verdulera

la bolsa de papel

pesar la cesta

la etiqueta

la báscula

las cajas

el pescadero

escamar el pescado

abrir las ostras

filetear

los guantes

el cuchillo para ostras

el raspador

el hielo

las botas

el delantal impermeable

el puesto

la quesera

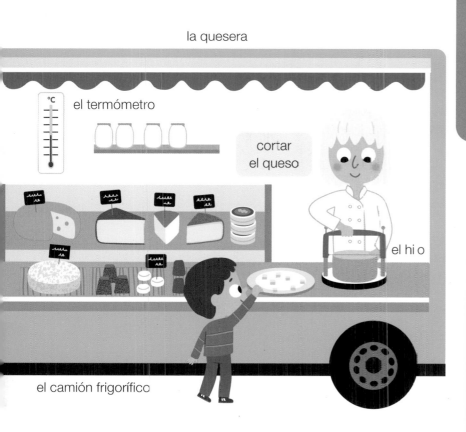

el termómetro

cortar
el queso

el hi o

el camión frigorífico

el carnicero charcutero

la máquina
cortadora

el gorro

picar
la carne

el machete

el delantal

el paté
casero

¿Has comido alguna vez pescado empanado congelado? ¿Comes también el pescado fresco que se compra en la pescadería?

El pescado empanado congelado se compra en el supermercado. Los pescaderos venden pescado muy fresco, recién traído del mar.

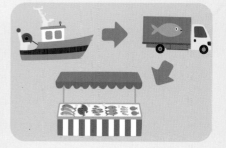

Los pescaderos meten las manos con frecuencia en el hielo donde se conserva el pescado. ¡Para este oficio no se puede ser friolero!

En el supermercado 66
En el campo 84

LA JORNADA DEL PANADERO

Durante la noche, el panadero cuece el pan
para que tú tengas unas ricas tostadas para desayunar.

por la noche

por la mañana

lavarse
las manos

sacar la masa de la
cámara de fermentación

preparar la
masa para los
días siguientes

la amasadora

repartir en
porciones
iguales

moldear

encender el horno de leña

cocer en el
horno eléctrico

la panadería

dejar
reposar
la masa

llenar las cestas

por la tarde

por la noche

limpiar

descansar

poner el despertador

ocuparse del papeleo administrativo

acostarse temprano

A las 5 de la mañana tú duermes profundamente porque todavía es de noche. Pues bien, ¡los panaderos ya están trabajando!

Para no perder tiempo, algunos panaderos viven encima de sus panaderías. ¡Es más práctico!

En muchos casos trabajan en familia: uno está en el horno, y los demás, en la tienda.

PANADERÍA

La calle comercial 58

En el restaurante 78

EN EL SUPERMERCADO

El supermercado es una maquinaria bien engrasada: ¡todo está listo para que compres tus productos favoritos fácilmente!

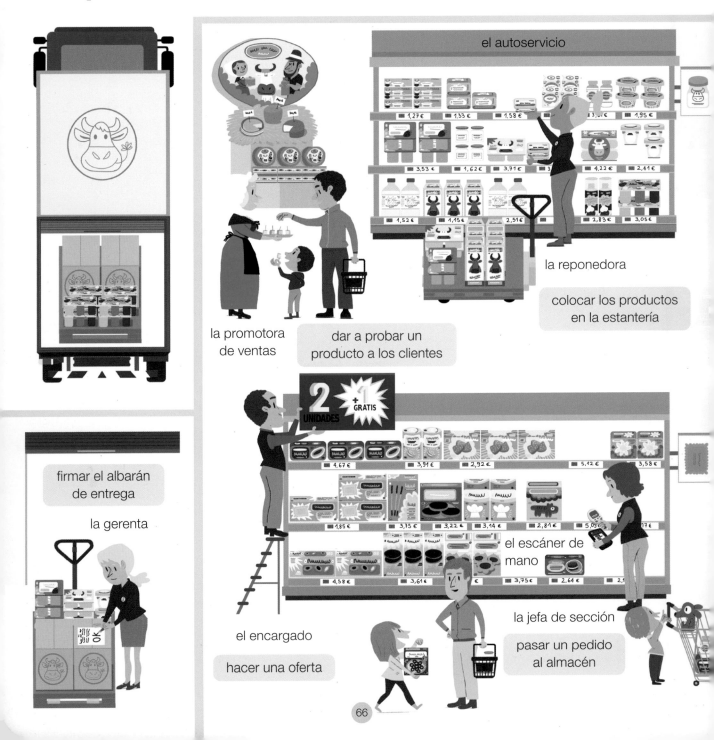

el autoservicio

la reponedora

colocar los productos en la estantería

la promotora de ventas

dar a probar un producto a los clientes

firmar el albarán de entrega

la gerenta

2 UNIDADES +1 GRATIS

el escáner de mano

la jefa de sección

el encargado

hacer una oferta

pasar un pedido al almacén

la responsable de atención al cliente

RECEPCIÓN

atender a los clientes insatisfechos

el arco antirrobo

el supervisor

ayudar a escanear el código de barras

las cajas fuertes

la cajera

la caja de autoservicio

el cajero

cobrar al cliente

la cinta transportadora

el encargado de las cajas

contar el dinero de la caja

¿DEJARÁ DE HABER CAJEROS ALGÚN DÍA?

¡Hacer cola es muy aburrido! Los supermercados buscan soluciones para que los clientes no tengan que estar esperando.

Cuando escaneamos los productos nosotros, pensamos que vamos más rápido. Lo malo es que así los cajeros tienen menos trabajo.

Por eso ayudan en las cajas automáticas y colocan mercancía en las estanterías. Y, a veces, también se van al paro.

SUPERMERCADO

En el mercado **62**
Comprar por Internet **68**

💻 COMPRAR POR INTERNET

¡Guau! ¡Estas zapatillas de deporte con luces son chulísimas! ¿Sabes gracias a quiénes las recibes en tu casa?

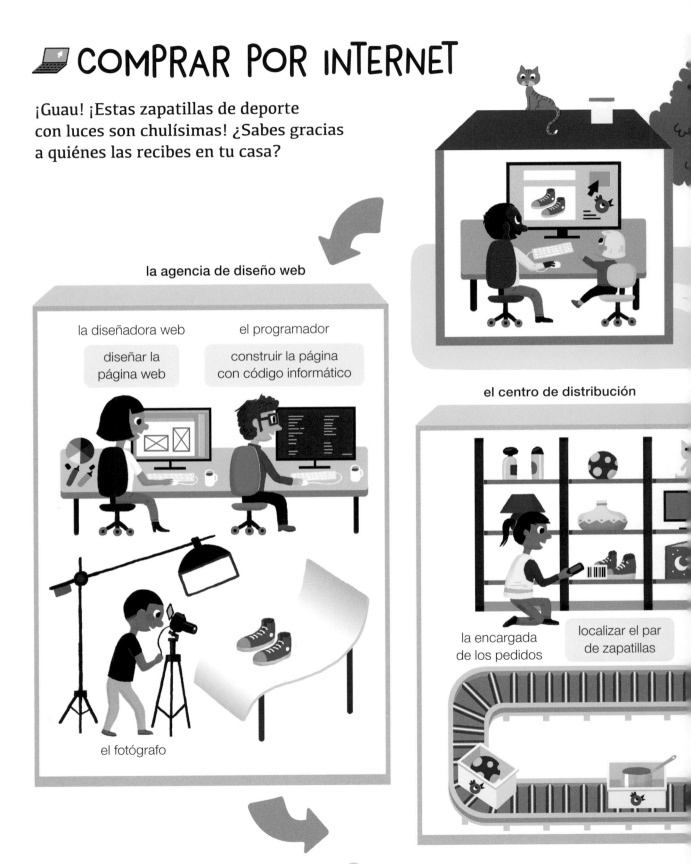

la agencia de diseño web

la diseñadora web

diseñar la página web

el programador

construir la página con código informático

el fotógrafo

el centro de distribución

la encargada de los pedidos

localizar el par de zapatillas

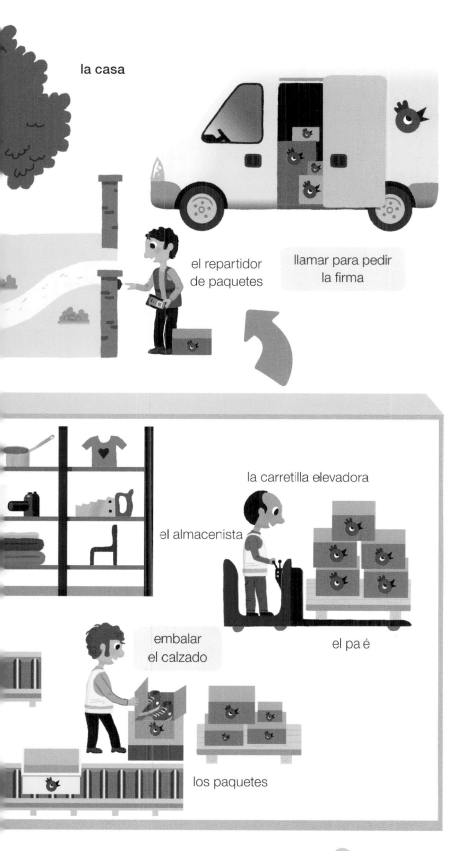

la casa

el repartidor
de paquetes

llamar para pedir
la firma

la carretilla elevadora

el almacenista

embalar
el calzado

el pa é

los paquetes

¿PUEDE UN DRON ENTREGAR UNAS ZAPATILLAS?

Un dron es un juguete, pero también un robot volador, capaz de trasladar objetos por el aire.

Los ingenieros electrónicos diseñan drones para entregar paquetes. ¡Tal vez dentro de poco veas uno aterrizando en tu jardín!

Pilotar drones se ha convertido ya en una profesión, con tareas como vigilar los campos y el tendido eléctrico, filmar documentales...

La calle comercial **58**

En el supermercado **66**

¡PONTE A PRUEBA!

Localiza todos estos detalles en la oficina de Correos.

Si fueras panadero, sabrías elaborar cruasanes. ¡Qué ricos!
Ordena las fases de fabricación y explica todo lo que hace el panadero.

dejar reposar
la masa

vender
cruasanes

cocer
en el horno

preparar
la masa

La quesera vende productos lácteos, como queso y yogures.
¿Qué alimentos no deberían encontrarse en su camión?
¿Conoces el nombre de algunos quesos?

En las tiendas trabajan diferentes comerciantes.
¿Reconoces a los que están aquí?
Describe lo que hace cada uno.

Si fueras comerciante, ¿qué te gustaría vender?

EN VACACIONES
TE ENCUENTRAS CON...

✈ EN EL AVIÓN

¡Estás a punto de subirte a un avión para unas supervacaciones! Te recibe la tripulación. ¡Bienvenido a bordo!

pasar el equipaje por los rayos X

controlar los billetes y la documentación

el personal de seguridad

la auxiliar de tierra

comprobar el estado de las ruedas

el mozo de equipaje

el controlador de tierra

el mecánico de pista

asegurarse de que el avión despega en hora

la cabina

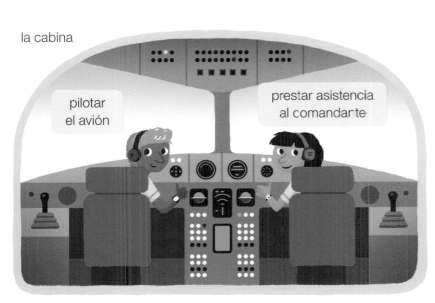

pilotar
el avión

prestar asistencia
al comandante

el comandante

la copiloto

el sobrecargo

servir las
bebidas

explicar las normas
de seguridad

la azafata
de vuelo

guiar al avión hacia
el aparcamiento

el agente de rampa

¿TIENEN LOS PILOTOS MIEDO A VECES?

En ocasiones, nos ponemos nerviosos cuando nos subimos a un avión... En caso de mal tiempo, el aparato puede sufrir turbulencias.

Los pilotos siempre conservan la sangre fría. ¿Una tormenta? ¿Un problema en el motor? ¡Que no cunda el pánico!

Durante su formación, los pilotos aprenden en un simulador de vuelo a mantener la calma y no perder la concentración.

🚧 DE CAMINO A LAS VACACIONES

Te vas de vacaciones. Por la ventanilla del coche puedes ver a las personas que están trabajando...

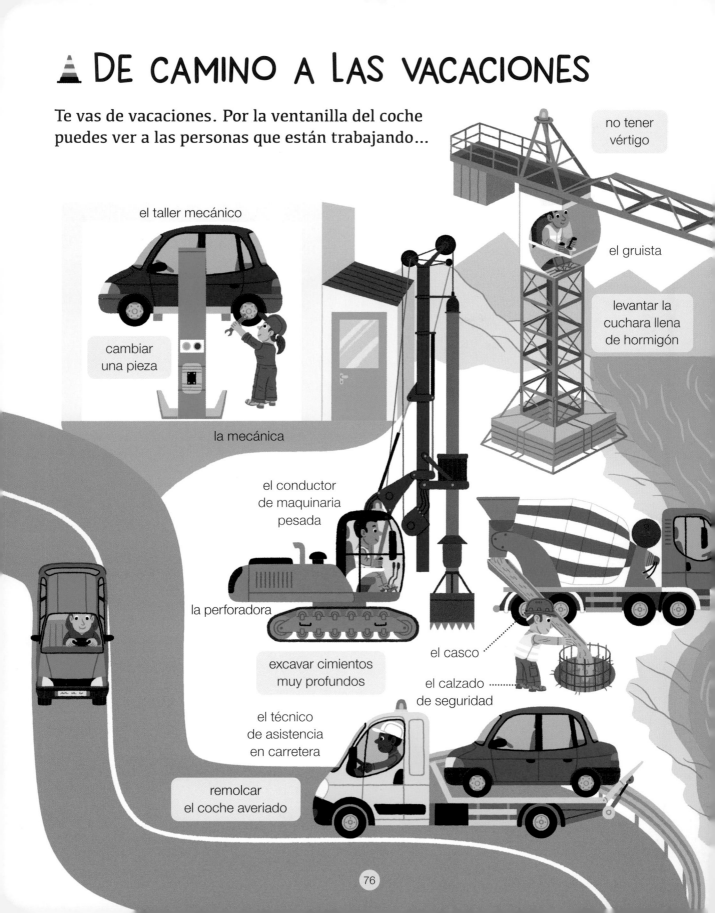

no tener vértigo

el taller mecánico

el gruista

levantar la cuchara llena de hormigón

cambiar una pieza

la mecánica

el conductor de maquinaria pesada

la perforadora

excavar cimientos muy profundos

el casco

el calzado de seguridad

el técnico de asistencia en carretera

remolcar el coche averiado

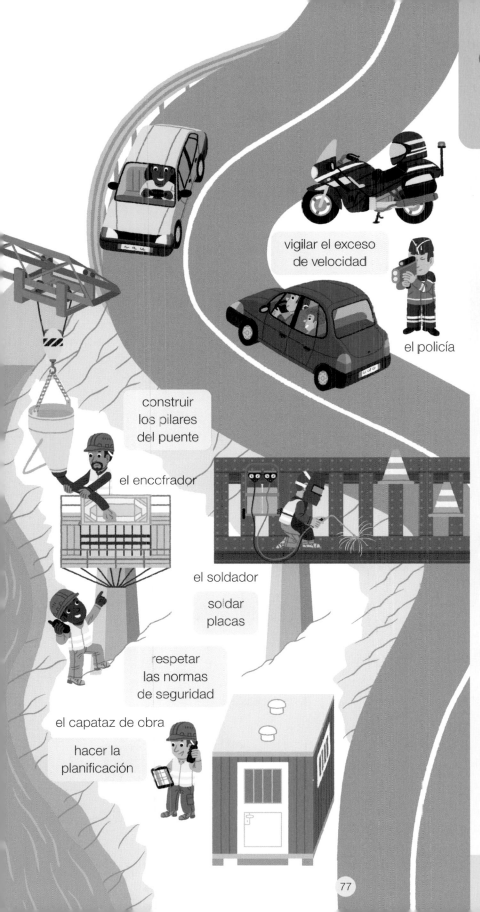

¿QUIÉN DISEÑA LOS PUENTES?

vigilar el exceso de velocidad

el policía

construir los pilares del puente

el encofrador

el soldador

soldar placas

respetar las normas de seguridad

el capataz de obra

hacer la planificación

Te habrás fijado en que existen varios tipos de puentes: atirantados, colgantes, de vigas, etc.

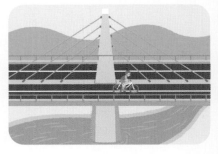

Para decidir la estructura del puente, se convoca un concurso entre arquitectos. Cada uno propone su diseño.

El arquitecto ganador estudia con un ingeniero la técnica ideal para construir ese puente.

🍲 EN EL RESTAURANTE

El apetitoso plato que tienes delante de ti
ha sido preparado por todo un equipo.
Cruza la puerta de la cocina...

en la cocina

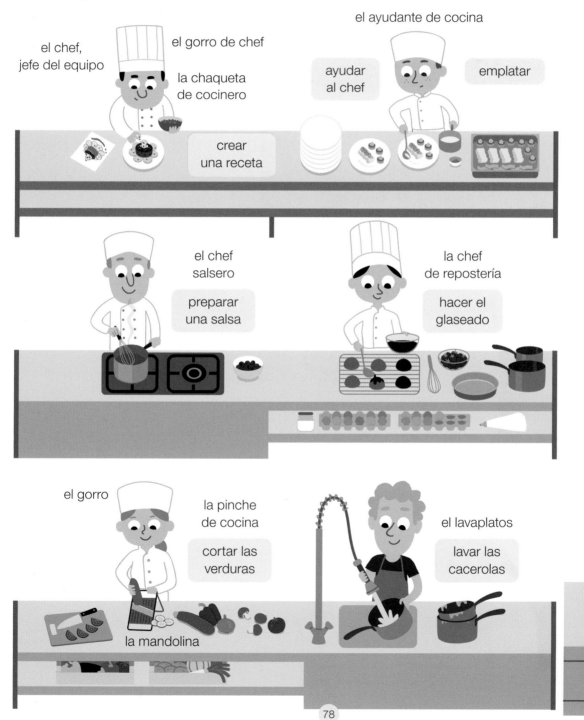

el ayudante de cocina

el chef,
jefe del equipo

el gorro de chef

la chaqueta
de cocinero

ayudar
al chef

emplatar

crear
una receta

el chef
salsero

la chef
de repostería

preparar
una salsa

hacer el
glaseado

el gorro

la pinche
de cocina

el lavaplatos

cortar las
verduras

lavar las
cacerolas

la mandolina

en la sala

el camarero

servir
los platos

la jefa
de camareros

poner
las mesas

la sumiller

dar a probar
el vino

tomar la
comanda

el *maître*

recibir a
los clientes

Si te disfrazas de cocinero, ¡seguro que te pondrás uno de sus célebres gorros! En un restaurante, solo el chef lo lleva.

Al cocinar, es obligatorio cubrirse la cabeza ¡para que ni un solo pelo caiga dentro de la sopa!

El gorro de chef lo inventó un repostero. Es más alto y elegante que el resto de los gorros y, además, da menos calor.

En el mercado **62**
La jornada del panadero **64**

O A LA ORILLA DEL MAR

Entre chapuzón y chapuzón, observa quién trabaja en la playa.

el dependiente

vender flotadores

el mecánico náutico

arreglar los motores

vender el pescado fresco

el capitán

el marinero

el pescador

clasificar el pescado

comprobar los chalecos salvavidas

la monitora de *paddel* surf

la regatista

preparar una competición de vela

Oficina de turismo

informar a los turistas

HOTEL BELLA COSTA

la camarera de piso

entregar las llaves de la habitación

el recepcionista

el mozo de equipaje

llevar las maletas

alquilar sombrillas

la animadora del club de vacaciones

el encargado

el socorrista

vigilar a los bañistas

el vendedor ambulante

organizar un concurso de castillos de arena

¿QUÉ HACEN LOS PROFESORES DE VELA DURANTE EL INVIERNO?

En invierno, nadie quiere navegar... ¡Hace mucho frío y hay demasiadas olas! Los instructores de vela están desocupados.

Por eso suelen tener otro trabajo. Algunos, por ejemplo, se van a la montaña para ser instructores de esquí.

En la actualidad, no es extraño que las personas ejerzan dos o tres profesiones.

En el campo 84
En la montaña 88

LA JORNADA DEL CUIDADOR DEL ZOO

¿Te encantan los animales? Acompaña al cuidador
de animales en su recorrido: ¡feliz visita!

por la mañana

cortar la fruta
y las verduras

preparar la comida
de los monos

el *walkie-talkie*

arreglar la valla

recoger
las cacas

llamar al veterinario

alimentar a
los pingüinos

la piscina

observar a cada tapir

esconder comida para
entretener a los lémures

limpiar las jaulas

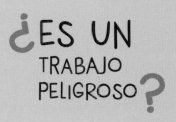

¿ES UN TRABAJO PELIGROSO?

por la tarde

recibir a una nueva llama

pesar al bebé koala

vigilar un nacimiento

ofrecer un espectáculo

por la noche

dar la cena

lavar las pezuñas de los elefantes para retirar las piedras

preparar a los animales para pasar la noche

Acariciar a un bebé tigre, ¿te lo imaginas? Es algo prohibido en un zoo, porque no se debe domesticar a los animales.

Los cuidadores se ocupan de los animales salvajes que pueden atacar: los grandes carnívoros, las serpientes...

Tienen que actuar siempre con prudencia y estando muy atentos. Es importante para su seguridad y la de los visitantes.

En el museo **38**

83

🚜 EN EL CAMPO

¡Genial, vacaciones al aire libre!
Los agricultores te explican en qué consiste
su trabajo. ¡Bienvenido a la granja!

el apicultor

extraer
la miel

el traje de apicultor

la plantación

irrigar los
tomates

el horticultor

preparar las cajas
para el mercado

el arboricultor

recoger las ciruelas

la cría
al aire libre

la criadora

alimentar
a los patos

la bodega

la viticultora

ocuparse de las viñas

alimentar
a los
animales

el alojamiento rural

BIENVENIDO
A LA GRANJA

vender
los quesos

ordeñar
las cabras

el productor
de cereales

la cosechadora

recoger
el trigo

el agricultor

conducir
el tractor

Puede que, al pasear por la montaña en verano, te cruces con un rebaño de ovejas. Van a pastar la hierba fresca de los prados.

Los pastores las guían, las protegen de los depredadores con la ayuda de sus perros y curan sus heridas.

Algunos pastores se quedan en el monte con sus animales durante varias semanas. Duermen en cabañas, ¡a veces sin electricidad!

En el mercado **62**
En la montaña **88**

¿QUIÉN FABRICA LOS HELADOS?

¡Qué calor! Entra en la fábrica y conoce a quien fabrica tus helados favoritos. ¡Ñam, ñam...!

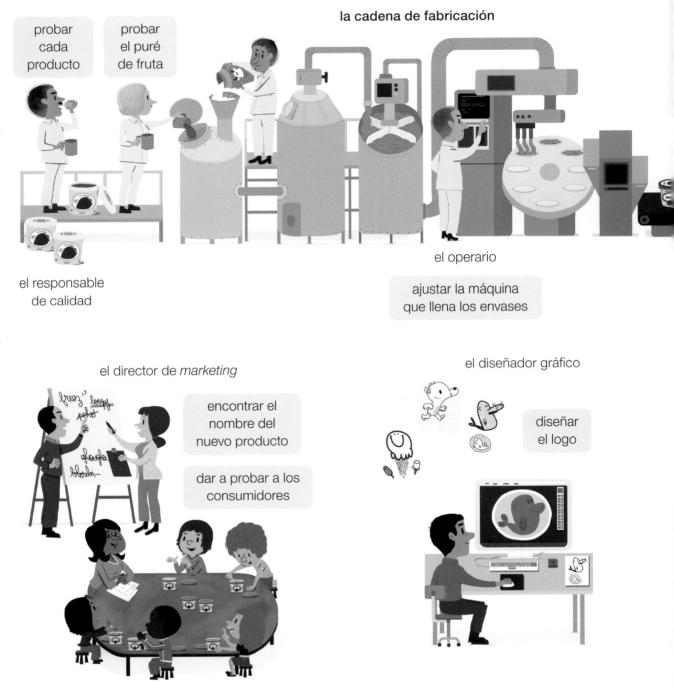

la cadena de fabricación

probar cada producto

probar el puré de fruta

el operario

ajustar la máquina que llena los envases

el responsable de calidad

el director de *marketing*

encontrar el nombre del nuevo producto

dar a probar a los consumidores

el diseñador gráfico

diseñar el logo

meter en el congelador

el laboratorio

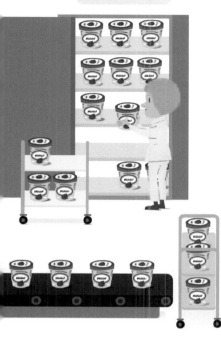

el ingeniero de alimentos

mezclar los aromas

crear un nuevo sabor

la agencia de publicidad

el publicista

crear un anuncio

inventar un eslogan

¿QUIÉN INVENTA LOS ANUNCIOS?

¿Te entran ganas de comerte un helado después de verlo anunciado? Eso quiere decir que el anuncio ha cumplido su objetivo.

Los fabricantes describen a los publicistas su producto. Estos piensan en un eslogan, una frase que se recuerde fácilmente.

Luego, cuando ya está todo decidido, acuden a un realizador. ¡El anuncio ya está listo para ponerlo en televisión!

La jornada del panadero **64**
En el restaurante **78**

EN LA MONTAÑA

Estos profesionales de la naturaleza protegen la montaña. Ponte las botas de senderismo y ¡en marcha!

camuflarse

el fotógrafo de naturaleza

el guarda forestal

marcar el árbol para talarlo

el leñador

cortar los troncos

recibir a un campamento de vacaciones

la monitora de naturaleza

el aserradero

vender madera

observar los insectos del campo

el maderero

el guía de montaña

guiar al grupo
hasta un glaciar

prever la
tormenta

el observatorio

el ornitólogo

observar
a los pájaros

**el parque
natural**

la astrónoma

estudiar el Sol y los planetas

comprobar el
permiso de pesca

el guarda del
parque natural

el biólogo
ambiental

controlar la
calidad del
agua del río

extraer una
muestra

89

¿EN QUÉ SE DIFERENCIA UN ASTRÓNOMO DE UN ASTRONAUTA?

¿Sueñas con volar en un cohete y explorar planetas lejanos? ¿Quieres ser astronauta?

Los astronautas viajan al espacio; sin embargo, los astrónomos lo observan desde la Tierra con un telescopio. Son científicos.

Para ir al espacio, los astronautas deben estar en muy buena forma y tener una moral de hierro. ¡Hay que prepararse mucho!

A la orilla del mar 80
En el campo 84

¡PONTE A PRUEBA!

¿Has visto alguna vez a estos animales
que podemos encontrar en el zoo?
¿Por qué pesa el cuidador al bebé koala?
¿Qué comen los pingüinos?
¿Con quién habla el cuidador?
¿Para quién prepara esas manzanas?

El guarda forestal marca con una cruz roja
los árboles que debe cortar el leñador.

Señala al leñador y al guarda forestal.
¿Cuántos árboles se van a talar?
¿Sabes cómo se llaman esos árboles?
¿Qué se puede hacer con la madera?

En la granja, cada animal vive en un lugar; además, los cultivos no crecen en cualquier parte. Coloca en su sitio a los animales y las plantas.

Describe esta escena.
¿Qué ocurre? ¿Dónde está el comandante?
¿Te has subido ya a un avión?

A-Z ÍNDICE ALFABÉTICO

A

abogado 21
accidente 44, 45, 49, 54
acróbata 34
actividad de bricolaje 15
adiestrador canino 45, 54
agencia de diseño web 68
agencia de publicidad 87
agente de rampa 75
agente de seguridad vial 15
agente de tráfico 13, 24
agricultor 84, 85
albañil 11
alicatadora 10
almacenista 69
anestesista 50
animadora del club de
vacaciones 81
animales 39, 41, 47, 82, 83,
85, 88, 90, 91
apicultor 84
aprender 9, 19, 35, 39
aprendiz 19
árbitro 30
árbitro asistente 30
arboricultor 84
arquitecto 77
artesano 32
artista 34, 35
aserradero 88
asistente pedagógico 15
asistente de videoarbitraje 30
astronauta 89
astrónomo 89
autora 22
auxiliar 14, 16, 17, 24
auxiliar de enfermería 48
auxiliar de tierra 74
avión 37, 74, 75, 91
ayudante de cocina 78
ayudar 13, 15, 16, 17, 20, 21,
24, 28, 44, 47, 58, 67, 78, 85
azafata de vuelo 75

B

banco 61
barbero 58
barrendero 13, 24
basurero 12
bibliotecaria 14
bióloga sanitaria 48
biólogo ambiental 89
bombera / bombero 37, 46, 47

C

caballero 8, 25
cajera / cajero 67
cajero automático 61
camarera de piso 81
camarero 79
camillero 51
camión 12, 13, 47, 62, 63, 71
campo 59, 69, 84, 88
capataz de obra 77
capitán 80
carnicero charcutero 63
carpintero 10, 33
cartera / cartero 61
casa 10, 11, 46, 47, 68, 69
catedrático 19
centro de distribución 68
chef 78, 79
chef de repostería 78
chef salsero 78
científico 39, 89
circo 35
cirujana / cirujano 50, 51, 55
ciudad 12, 17, 24, 58
cocina 17, 78
cocinera / cocinero 17, 49, 79
código informático 68
comadrona 48
comandante 75, 91
comedor 15, 16, 17
comerciante 58, 62, 71
concierto 37
concurso 77
conductor 12
conductor de ambulancia 44
conductor de maquinaria
pesada 76
conductora de autobús 13
conservadora de museo 39
constructor de Lego
profesional 8
construir 11, 77
consulta médica 52
contenedor 12, 13
controlador de tierra 74
copiloto 75
corrector 22
Correos 60, 70
criador / criadora 28, 84
cuidador de animales 82, 83
cuidadora de niños 11
curar 49, 52, 55, 85
cursos de formación 19

D

decorador 34
dentista 53, 55
dentista equino 29
departamento de diseño 32
dependienta /
dependiente 59, 80
deporte 31, 46
dermatólogo 53, 55
detector de fugas 13
dinosaurio 39
director / directora 14, 15
director de *marketing* 86
director de orquesta 36, 37
director del establecimiento 60
directora de la escuela de
equitación 28
diseñador 32
diseñadora gráfica /
diseñador gráfico 10, 22, 86
diseñadora de vestuario 34
diseñadora web 68
distribuidor 23

E

ebanista 9
editor 22
educador / educadora 21
electricista 10
empleado 13
empleado de limpieza 48
empleado de mantenimiento
de zonas verdes 12, 24
encargada de la cocina 17
encargada de mantenimiento 14
encargada de los pedidos 68
encargado de clasificación 61
encargado de las cajas 67
encargado del alquiler
de artículos de playa 81
encargado
de supermercado 66
encofrador 77
enfermera 48, 51
enfermera de quirófano 50
enseñar 16, 18, 19, 28, 60
entrenador 30
entrenador de competición 29
entrenadora 31
escamar 62
escayolista 10
escenario 34, 36
escritor / escritora 23, 37

escuela 7, 9, 11, 12, 14, 15,
17, 18, 19, 47
escuela de equitación 28, 40
escuela infantil 18
especialista en
psicomotricidad 20

F

fábrica 33, 86
fabricante 87
farmacéutico 48
fisioterapeuta 31, 49
florista 59
fontanero técnico de
calefacción 11
formación 19, 75
formación profesional 19
fotógrafo 68
fotógrafo de naturaleza 88
fútbol 30
futbolista profesional 30, 31

G

gerenta 66
geriatra 53
granja 84, 85, 91
gruista 76
guarda del parque natural 89
guarda forestal 88, 90
guía 38
guía de montaña 89

H

herrero 29, 40
horticultor 59, 84
hospital 43, 44, 48, 49, 54

I

iluminadora 35
ilustradora 22, 25
impresor 23
informática 14
ingeniero 77
ingeniero de alimentos 87
ingeniero electrónico 69
instalador de ventanas 11

instituto 18
instructor de esquí 81
instructor de vela 81
instructora de equitación 28, 40
Internet 59, 68
investigador 19

J

jardín 12, 59, 69
jefa de camareros 79
jefa de sección 66
jinete profesional 29
juez de familia 21
juguete 9, 32, 33, 40, 69
juguetería 33

L

laboratorio 33, 39, 87
lavaplatos 78
leñador 88, 90
librera 23
libro 14, 22, 23
logopeda 20

M

maderero 88
maestra de educación
especial 20, 49
maestra / maestro de
educación primaria 14, 15,
16, 17, 18
maître 79
mantenimiento 12, 14, 24
maquillador 34, 35
marinero 80
mecánica 76
mecánico de pista 74
mecánico náutico 80
mediador cultural 38
mediador familiar 21
médico 49
médico de cabecera 52, 53,
54
médico de urgencias 45, 54
médico especialista 52, 55
mercado 59, 62, 84
mineralogista 39
monitor de ponis 28
monitora de actividades
en la naturaleza 88
monitora de paddle surf 80
montaña 45, 81, 85, 88, 89

mozo de cuadra 28, 40
mozo de equipaje 74, 31
museo 38, 39, 41
museóloga 38
música 18, 36, 37
músico 35, 37, 41

N

naturaleza 88
niñera de osos panda 8, 25
noche 13, 37, 47, 64, 65, 83
nutricionista 49

O

obra 77
obrero 10
observatorio 89
oficina 11
oficina de turismo 81
oftalmólogo 53, 55
operación 50, 51
operario 13, 33, 86
óptico 58
ornitólogo 89
osteópata 29, 40
otorrinolaringólogo 53, 55

P

paisajista 12
palafrenera 28, 40
paleontólogo 39
panadero 64, 65
Papá Noel 8, 25
paro 67
parque de bomberos 46
pastor 85
payaso 49
pediatra 53
peluquera / peluquero 58
peluquería 58
periodista deportiva 31
personal auxiliar 21
personal de seguridad 74
pescadero 62, 63
pescador 80
piloto 75
piloto de dron 69
piloto de helicóptero 45
pinche de cocina 78
pintor 11
pistero socorrista 44, 54
policía 77

policía de alta montaña 45
prácticas en un hospital 49
preparador físico 30
presidente del Gobierno 9, 25
probador de toboganes 8
productor de cereales 85
profesor 18
profesor de música 14
profesor de plástica 15
profesor de secundaria 18
programa informático 32
programador 68
promotora de ventas 66
psicólogo 20
publicidad 31, 87
publicista 87
puente 77
puericultora 49
punto limpio de reciclaje 13

Q

quesera 63, 71
quiosquero 13
quirófano 50, 51

R

radióloga 48
realizador 87
recepcionista 38, 48, 81
regatista 80
regidor 35
registrador 39
repartidor de paquetes 69
reponedora 66
representante de jugadores 31
responsable de atención
al cliente 60, 67
responsable de calidad 86
responsable de prensa 23
restaurador 39
restaurante 78, 79

S

sanitario deportivo 31
secretaria 14
secretaria sanitaria 48
seguridad 74, 75, 76, 77, 83
seleccionador 31
servicio de urgencias 44, 45
sobrecargo 75
socorrista 81
soldador 77

sumiller 79
superhercina 8, 25
supermercado 63, 66, 67
supervisor 67

T

taller 32, 40
taller mecánico 76
taxidermista 39, 40
taxista 13, 24
techador 10
técnica de educación
infantil 18
técnica en informática 14
técnico 33, 34, 35
técnico de asistencia
en carretera 76
técnico de formación
profesional 19
técnico de lavandería 49
técnico de sonido 34
teleoperador 45
tienda 57, 58, 59, 64, 65, 72
trabajo 9, 19, 32, 36, 40, 67,
81, 83, 84
tramoyista 34
transporte escolar 13
transportista 13
tratar 16, 53

U

universidad 19, 49
urbanista 12, 24
urgencias 44, 45, 54

V

vacaciones 73, 76, 81, 84, 87
vendedor 63
vendedor ambulante 81
verdulera 62
veterinaria equina 29, 40
veterinario 29, 82
vigilante de museo 38
viticultora 84

Z

zapatero 58
zonas verdes 12, 24
zoo 82, 83, 90